Amendes à lire !

JENFEVRE, SULPICE & CAZENOVE

Couleurs : David **LUNVEN**

BAMBOO ÉDITION

Merci à Amanda Lear pour avoir été involontairement l'inspiratrice de notre couverture.

Les auteurs

116, rue des Jonchères - BP 3
71012 CHARNAY-LÈS-MÂCON cedex
Tél. 03 85 34 99 09 - Fax 03 85 34 47 55
Site Web : www.bamboo.fr
E-mail : bamboo@bamboo.fr

QUATRIÈME ÉDITION
Dépôt légal : Octobre 2007
ISBN 978-2-35078-309-3

Imprimé en France
Printed in France by PPO Graphic, 93500 Pantin

- Faire-peur de naissance

- Laisse Angel !

- Nurse en série

J'SUIS UN PEU DÉÇU ! IL EST PAS SI TERRIBLE QUE ÇA LE NÉGOCIATEUR !
C'EST SÛR... IL EST MÊME PAS FICHU DE NÉGOCIER CORRECTEMENT UN VIRAGE...

GENDARMERIE
SALUT DUGORGEON ! COMMENT QU'ÇA VA DEPUIS LA DERNIÈRE FOIS ? ET TA FILLE ? ÇA CONTINUE À POUSSER ?
IMPECCABLE ! TOI AUSSI T'AS L'AIR EN FORME !
PAR CONTRE, METS TA CEINTURE DE SÉCURITÉ... ON SAIT JAMAIS !
AH OUAIS T'AS RAISON... PAS DE PROBLÈME...
ALORS JULES, ENCORE EN VADROUILLE... TU DEVRAIS LEVER LE PIED SUR CETTE ROUTE ! TU ROULAIS UN PEU VITE LÀ !...
JE FERAI GAFFE, MAIS AVEC MA NOUVELLE VOITURE, JE ME RENDS PAS BIEN COMPTE !
DITES DONC DUGORGEON !...
ON NOUS A DEMANDÉ DE REMONTER VOTRE QUOTA DE P.V., MAIS...
'FAUDRAIT QUAND MÊME QUE VOUS FASSIEZ UN PETIT EFFORT !
JS&C

- Micro climat

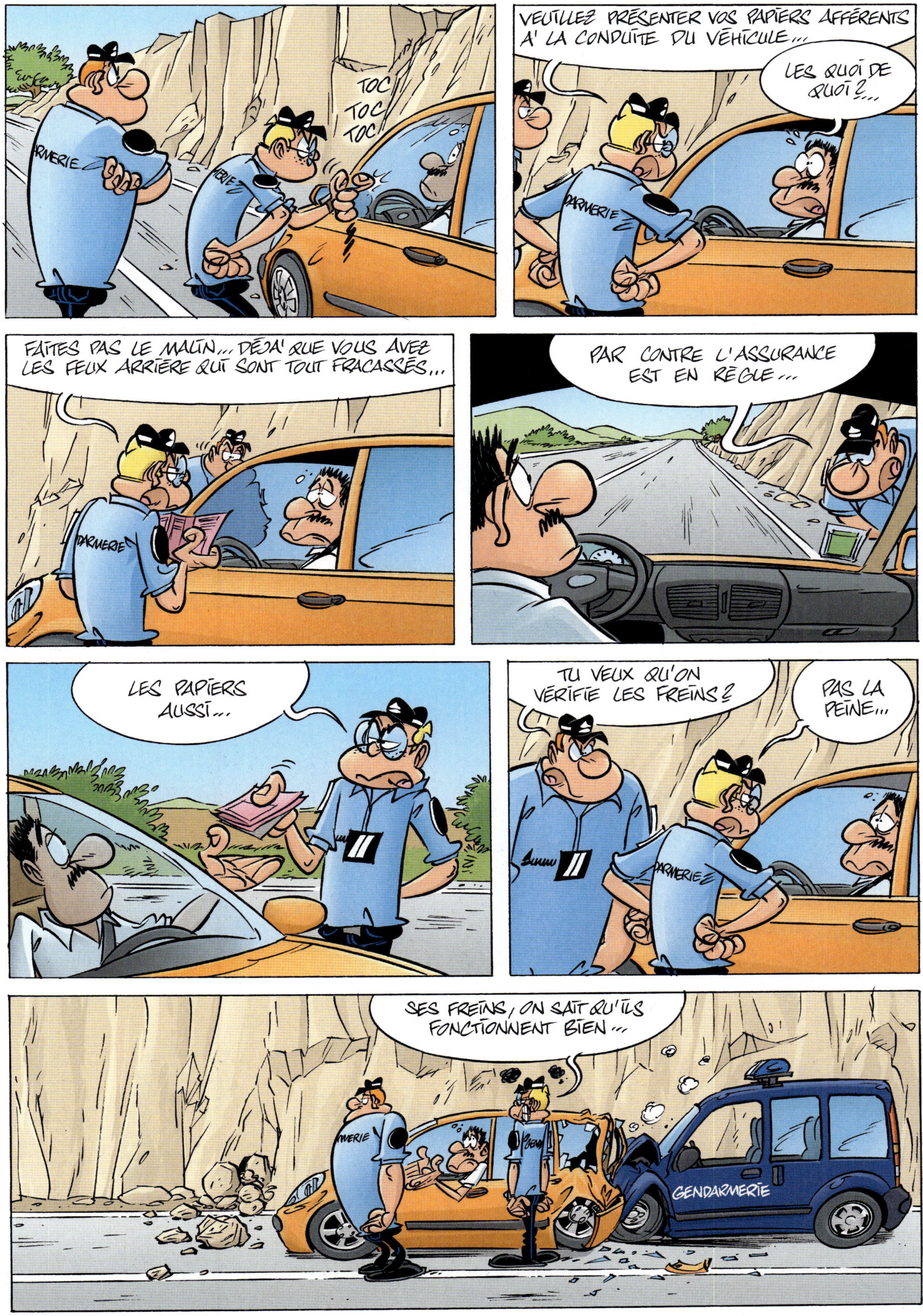
TOC
TOC
TOC
VEUILLEZ PRÉSENTER VOS PAPIERS AFFÉRENTS À LA CONDUITE DU VÉHICULE...
LES QUOI DE QUOI ?...
FAITES PAS LE MALIN... DÉJÀ QUE VOUS AVEZ LES FEUX ARRIÈRE QUI SONT TOUT FRACASSÉS...
PAR CONTRE L'ASSURANCE EST EN RÈGLE...
LES PAPIERS AUSSI...
TU VEUX QU'ON VÉRIFIE LES FREINS ?
PAS LA PEINE...
SES FREINS, ON SAIT QU'ILS FONCTIONNENT BIEN...
GENDARMERIE

HEUREUSEMENT QUE JE LA PRENDS TOUJOURS AVEC MOI QUAND JE SORS !...
CLAP CLAP
JE VAIS VOUS MONTRER, MAIS ÉCOUTEZ BIEN PARCE QU'IL N'Y AURA PAS DE SÉANCE DE RATTRAPERIE !
TOUT D'ABORD, UN CHOUIA DE POUDRE SUR LES JOUES ...
POUTCH POUTCH !
ENSUITE ON APPLIQUE UN PEU DE CRÈME, C'EST EXCELLENT POUR LES PORES ! ON MASSE JUSQU'À CE QUE LA PEAU AIT TOUT BU...
TOUJOURS TRÈS LÉGER ET DISCRET POUR LE CONTOUR DES YEUX... ET ON EN MET QUE SI NÉCESSAIRE !
EN FINITION, ON PEUT AUSSI AJOUTER DU FOND DE TEINT, POUR ÉGALISER LES ZONES D'OMBRES...
ET VOILÀÀÀÀÀÀÀ !
CHIC ! ON PEUT RECOMMENCER ALORS ?
J'AI TOUT UN NOUVEAU STOCK D'ANNUAIRES À ESSAYER !
ON PEUT GARDER ÇA ? ON RISQUE D'EN AVOIR ENCORE BESOIN !...
JS&C

- Moto risée

RIE NATIONALE
DJIIIIII
VUIIIIM
TCHU TCHUU TCHCHU
TCHUUU
BREUTEUHREUUM...
VUIIIIM
GENDARMERIE
RHEUUM
KLANG
BLANG
RETETETETETE
LE P'TIT GARRERA
REUUM
LE P'TIT
GENDARMERIE
BROOOOOOOLOOM

ME COLLER UN P.V. PARCE QUE MES PNEUS SONT LISSES ALORS QU'ILS NE TOUCHENT MÊME PAS LA ROUTE, C'EST QUAND MÊME UN PEU GROS !

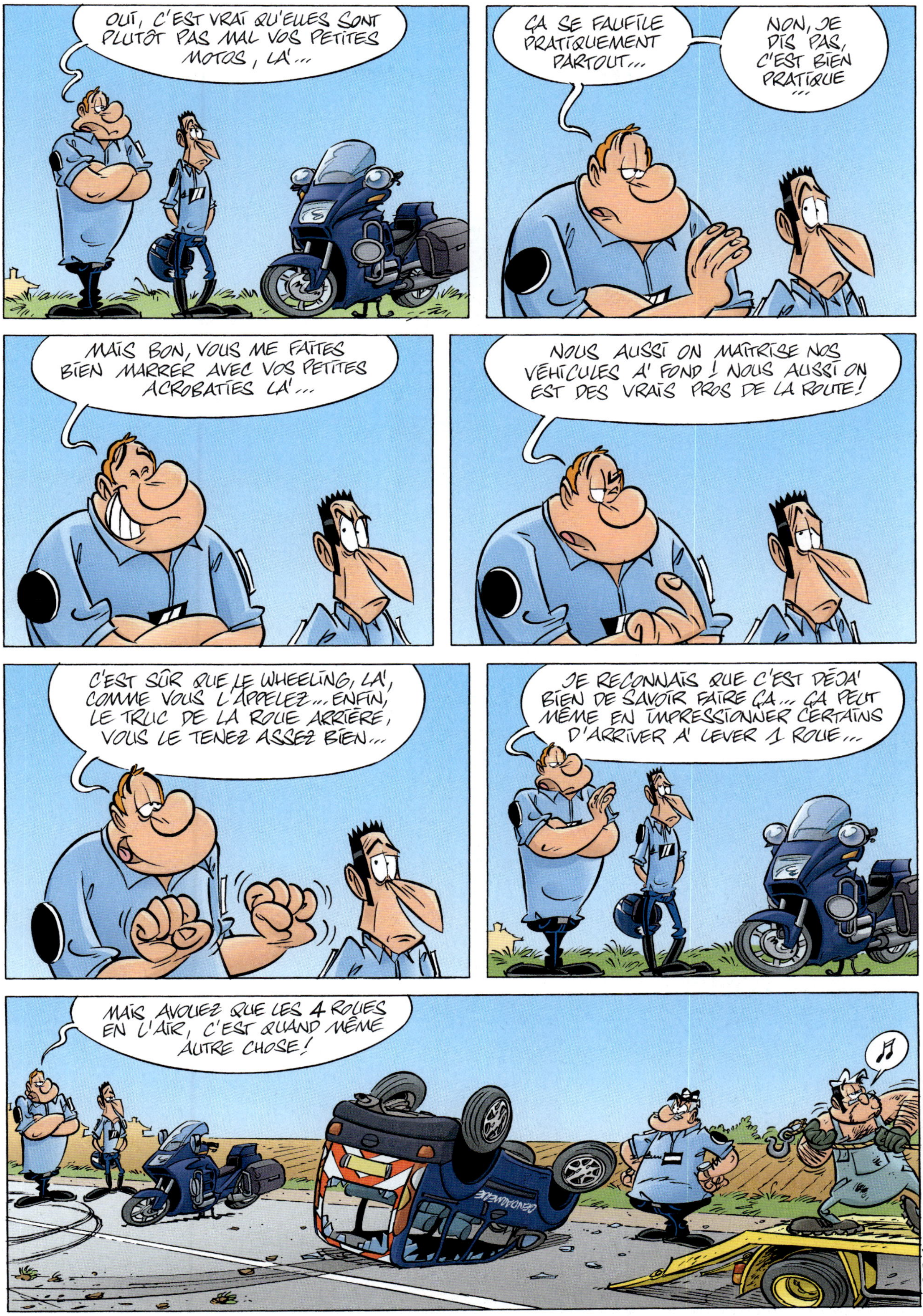
OUI, C'EST VRAI QU'ELLES SONT PLUTÔT PAS MAL VOS PETITES MOTOS, LÀ...
ÇA SE FAUFILE PRATIQUEMENT PARTOUT...
NON, JE DIS PAS, C'EST BIEN PRATIQUE...
MAIS BON, VOUS ME FAITES BIEN MARRER AVEC VOS PETITES ACROBATIES LÀ...
NOUS AUSSI ON MAÎTRISE NOS VÉHICULES À FOND ! NOUS AUSSI ON EST DES VRAIS PROS DE LA ROUTE !
C'EST SÛR QUE LE WHEELING, LÀ, COMME VOUS L'APPELEZ... ENFIN, LE TRUC DE LA ROUE ARRIÈRE, VOUS LE TENEZ ASSEZ BIEN...
JE RECONNAIS QUE C'EST DÉJÀ BIEN DE SAVOIR FAIRE ÇA... ÇA PEUT MÊME EN IMPRESSIONNER CERTAINS D'ARRIVER À LEVER 1 ROUE...
MAIS AVOUEZ QUE LES 4 ROUES EN L'AIR, C'EST QUAND MÊME AUTRE CHOSE !
♫

AH M. MACCEÏ C'EST UN TEL HONNEUR DE RENCONTRER UN COUTURIER AUSSI RÉPUTÉ QUE VOUS... JE NE SAIS PAS SI... J'AI TELLEMENT DE QUESTIONS À VOUS POSER...
MAIS SI, JE VOUS EN PRIE !...
VOUS... VOUS PENSEZ QUOI DE MA ROBE ? JE L'AI ACHETÉE HIER CHEZ ZAZOUNE...
MOI, JE LUI AI DIT QUE LE VERT N'EST PLUS TENDANCE !
IL EST VRAI QUE CETTE SAISON, C'EST LE PARME PASTEL QUI VA PRÉDOMINER QUOI QU'IL EN SOIT, LA COUPE NE VOUS MET PAS EN VALEUR... ET JE NE PARLE PAS DES MOTIFS...
VOUS N'AIMEZ PAS LES CARREAUX ?
PAR AILLEURS, SI VOUS ME LAISSIEZ TRAVAILLER VOS CHEVEUX, VOUS GAGNERIEZ AU MINIMUM 10 ANS !
ET... HUM... POUR CET ÉTÉ LA JUPE SE PORTERA AU-DESSUS OU EN DESSOUS DU GENOU ?
MAIS MA CHÉRIE, UNE JUPE DIGNE DE CE NOM NE DESCEND JAMAIS SOUS LES GENOUX ! JA-MAIS !!
ON N'EST PAS DES BARBARES NON PLUS...
VENEZ ME VOIR DANS MON ATELIER, JE VOUS FERAI UN RELOOKING COMPLET... DÈS QUE J'AURAI UN CREUX DANS MON AGENDA...
OH ! M. MACCEÏ, C'EST UN TEL HONNEUR !
MERCI MAÎTRE !
BON, MA PUPUCE, VOUS AVEZ TERMINÉ ?!
NOUS AUSSI, ON A DES TAS DE QUESTIONS À LUI POSER !...
OUAIS... ALORS, POURQUOI EST-CE QUE VOUS AVEZ ESSAYÉ D'ÉTRANGLER VOTRE ASSISTANTE ?
C'ÉTAIT PRÉMÉDITÉ ?

- Coup de barres

LAISSE-NOUS ENTRER !
ON VEUT LE VOIR !
AH CHEF, DITES-LEUR QU'ELLES NE PEUVENT PAS VOIR ANGELO MACCEÏ !
LE GRAND COUTURIER ? HORS DE QUESTION !
EN PLUS, ON N'A VRAIMENT PAS LE TEMPS DE S'OCCUPER DE VOUS ! AVEC TOUTES SES VISITES À GÉRER...
JE CROYAIS QUE C'ÉTAIT 1 VISITE PAR SEMAINE PAR DÉTENU ?!
NORMALEMENT OUI, MAIS M. MACCEÏ A ÉTÉ DUREMENT AFFECTÉ PAR CETTE AFFAIRE !
ÇA L'A PAS MAL TRAUMATISÉ D'ESSAYER D'ÉTRANGLER SON ASSISTANTE !
POUR ÉVITER QU'IL SOIT SEUL ET QU'IL LUI PRENNE L'ENVIE DE COMMETTRE UNE BÊTISE IRRÉPARABLE, ON L'A AUTORISÉ À PASSER QUELQUES COUPS DE FIL...
ET À RECEVOIR DES VISITES SUPPLÉMENTAIRES...
IL EST OÙ MON ANGELO MIO ?
PAR ICI ! VENEZ...
MISS BODYLOVE, ENTREZ DANS LA SALLE D'ATTENTE... C'EST QUE VOUS N'ÊTES PAS LA SEULE À VOULOIR RÉCONFORTER M. MACCEÏ !...
Melle LEGGYLEG, C'EST À VOUS...

- Machines à sous

SERREZ A' GAUCHE LA'-BAS! SERREZ A' GAUCHE!
CAISS

- Faute de goût

ALORS QU'EST-CE QUE TU NOUS AS CONCOCTÉ POUR CES VACANCES ?
J'AI UN SUPER PROGRAMME ! ON VA PAS S'ENNUYER !
POUR COMMENCER, JE VOUS PROPOSE PISCINE...
...ENSUITE BILLARD...
LE CORPS PRÉSENTE UN TRAUMATISME MAXILLAIRE POSTOCCIPITAL !
MÂCHOIRE PÉTÉE...
...SOIRÉES BIÈRES...
...SÉANCES D'U.V. ...
T'ÉTAIS OÙ, LE JOUR OÙ TU AS ÉTÉ CONTRÔLÉ SUR L'AUTOROUTE ?
BEN... SUR L'AUTOROUTE
...ET ON POURRA MÊME RAMENER DES PHOTOS SOUVENIRS...
FLASH
ET DE 16 !
OUAIIIS ! BIENTÔT ON POURRA REMPLIR TOUT L'ALBUM !
ALORS, TU EN PENSES QUOI ?...
FINALEMENT, ON VA PLUTÔT ALLER CHEZ MA MÈRE ...
JSRC

TÛT TÛÛÛÛT
SILENCE
TENUE CORRECTE EXIGÉE DANS LE CAMPING
INTERDICTION DE MARCHER SUR LA PELOUSE
BAIGNADE INTERDITE
1 CASE = 1 VOITURE
MAINTENANT JE COMPRENDS MIEUX ...
... COMMENT ILS FONT POUR PROPOSER DES PRIX AUSSI BAS !...
CAMP DE VACANCES DE LA GENDARMERIE - Les Pins Grillés
SILENCE

COUÎÎÎÎ...
CHÛÛÛT!
DIRECTION
DÉPÊCHE-TOI DE PLACER LES MICROS...
ALERTE! Y A QUELQU'UN QUI RAPPLIQUE!
J'AI TERMINÉ!
ALORS CHEF, QU'EST-CE QU'ILS DISENT?
ILS VONT FAIRE UN CONCOURS DE PÉTANQUE... ET ENSUITE UN BARBECUE...
OH?
COOL!
HEUREUSEMENT QU'ILS ONT DES SUPER IDÉES POUR S'AMUSER, À CÔTÉ...
OUAIS... QU'EST-CE QU'ON S'ENNUIERAIT SINON...
Au Campeur Joyeux
ET DEVINE CE QU'Y A APRÈS LA PÉTANQUE...

HOULA!
QUOI?
PLIC
??
VITE! VITE! FAUT ALLER BOUGER LA VOITURE!
C'EST JUSTE UNE PETITE ONDÉE... ÇA M'ÉTONNERAIT QUE ÇA DURE...
VOUS DEVRIEZ FAIRE COMME NOUS!...
C'EST RIDICULE DE COURIR COMME ÇA! ELLE EST EN CARTON, VOTRE CAISSE?
VOUS, C'EST LA PREMIÈRE ANNÉE QUE VOUS VENEZ ICI, PAS VRAI?
DÉPÊCHE-TOI!!
ACTIVE CHÉRI! ILS ARRIVENT!
JE CROIS QUE ÇA VA ÊTRE TROP TARD POUR VOUS...
?
DÈS QU'IL PLEUT ILS S'ENNUIENT... ALORS ILS S'OCCUPENT COMME ILS PEUVENT...
MA VOITURE!
JS&C

TERRAIN DE PAINTBALL
VOIS-EN DE TOUTES LES COULEURS
_BEN IL EST PASSÉ OÙ ?
LE VOILÀ ! FEU À VOLONTÉ !...
PTOUH
PT
PT PT
PT PT PT PT PT PT PT
PT
OUÏÏÏNN
PFFF ! QUEL MAUVAIS JOUEUR CELUI-LÀ !
OUAIS, EN PLUS ÇA FAIT PAS MAL... JE VOIS PAS POURQUOI IL SE MET DANS CET ÉTAT ...
TU ÉTAIS PRÉVENU ! JE T'AVAIS DIT DE NE PAS ALLER JOUER EN UNIFORME AVEC TES COPAINS !!
Féminin

'TENCHION !...
TRIIT
PTIOU
GAFFE SUR TA GAUCHE !
PÔÔÔÔ
A' FOND !
FAIS L'EXTÉRIEUR...
TU VAS Y ARRIVER !
VAS-Y ! VAS-Y !
C'EST DU TOUT CUIT !
ALLEEEEZ
TOP !
CLIC
OUAIIIS
PÔÔÔÔ
CHAMPION !
AH NON... 1 MINUTE 56 ÇA NE SERA PAS SUFFISANT...
QUOI ?
C'EST L'ÉQUIPE BLEUE QUI GAGNE LE TITRE DU P.V. DRESSÉ LE PLUS VITE AVEC 1 MINUTE 22 !
MAIS... IL EST MÊME PAS SORTI DU CAMP POUR METTRE SON P.V. !

HA HA! BLA BLA BLA...
VOUS VOULEZ ENCORE UNE CACAHOUÈTE, CHEF?
HOLA, Y A PLUS DE "CHEF" ICI, ON EST EN VACANCES! DÉTENDEZ-VOUS UN PEU...
ET DEPUIS LE TEMPS QU'ON SE CONNAÎT, ON POURRAIT MÊME TOUS SE TUTOYER! D'ACCORD LETEIGNEUX?
C... C'EST VOUS QUI VOIS CHEF...
AMENEZ VOS VERRES LES COPAINS, POUR FÊTER ÇA JE VOUS PAYE UNE TOURNÉE!
APRÈS TOUT, LES VACANCES C'EST FAIT POUR RESSERRER LES LIENS!
ALLEZ HOP! BRONZAGE INTÉGRAL!!
WAHA! T'ES TROP MARRANT COMME CHEF!
ÇA C'EST UN POTO!
HA! HA! EXCELLENT...
ON S'EST BIEN AMUSÉS PENDANT LES VACANCES PAS VRAI?...
EH BIEN MAINTENANT, FINI DE RIGOLER! LE BOULOT C'EST FAIT POUR RESSERRER LA VIS!
J.P. T'OUBLIERAS PAS DE RÉCURER LES TOILETTES!
V... VOUI MON ADJUDANT-CHEF...

À découvrir aux éditions BAMBOO

13 tomes + 1 n° spécial

Les Profs
Scénario : Erroc
Dessins : Pica

10 tomes

Les Pompiers
Scénario : Cazenove
Dessins : Stédo

11 tomes

Les Fonctionnaires
Scénario : Beka
Dessins : Bloz

8 tomes

Les Toubibs
Scénario : Gégé & Bélom
Dessins : Sirvent

7 tomes

L'Auto-école
Scénario : Cazenove
Dessins : Amouriq

6 tomes

Les Commerciaux
Scénario : Plumeri & Boitelle
Dessins : Bloz

4 tomes

Les Musicos
Dessins & Scénario :
Janvier & Co

2 tomes

Les Vétos
Scénario : Gilson
Dessins : Peral

8 tomes

Les Rugbymen
Scénario : Béka
Dessins : Poupard

6 tomes

Les Vélomaniacs
Scénario : Garréra
Dessins : Julié

8 tomes

Les Footmaniacs
Scénario : J S & C
Dessins : Saive

7 tomes

Basket Dunk
Scénario : Cazenove & Plumeri
Dessins : Mauricet

1 tome

Les Dinosaures en BD
Scénario : Plumeri
Dessins : Bloz

2 tomes

Ma belle-mère et moi
Scénario : Cazenove
Dessins : Wozniak

2 tomes

Roméo & Juliette
Scénario : Erroc
Dessins : Rodrigue

TOME 2
JANV. 11

1 tome

Le Chantier
Scénario : Olis
Dessins : Olis

1 tome

L'Aventure c'est l'aventure
Scénario : Lelouch
Dessins : Swysen

1 tome

Les Scientiflics
Scénario : Janssens
Dessins : Carrère

5 tomes

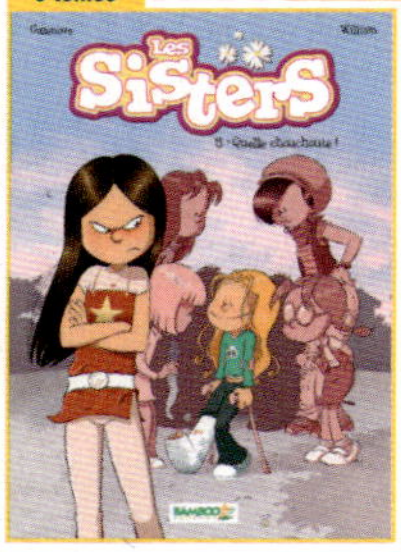

Les Sisters
Scénario : Cazenove
Dessins : William

5 tomes

Studio Danse
Scénario : Béka
Dessins : Crip

5 tomes

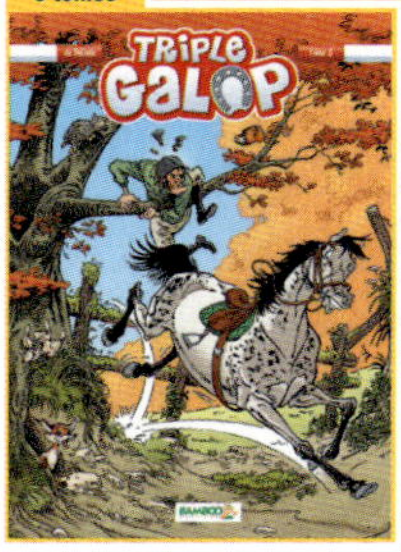

Triple Galop
Scénario : du Peloux
Dessins : du Peloux

2 tomes

Gullia
Scénario : Cazenove
Dessins : Vervisch

2 tomes

Si j'étais grande...
je serais star
Scénario et dessins : Curd Ridel

1 tome

Zoé & Pataclop
Scénario : du Peloux
Dessins : du Peloux

5 tomes

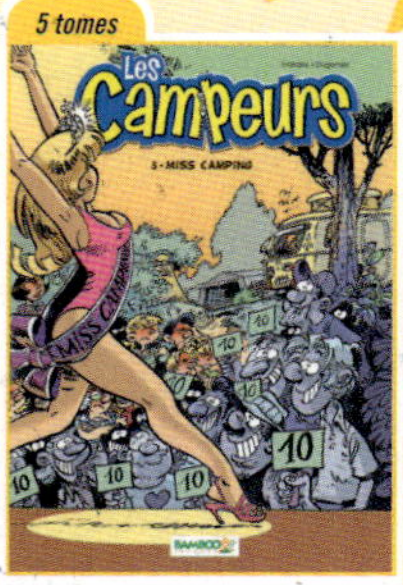

Les Campeurs
Scénario : Swinnen & Dugomier
Dessins : Maltaite

2 tomes

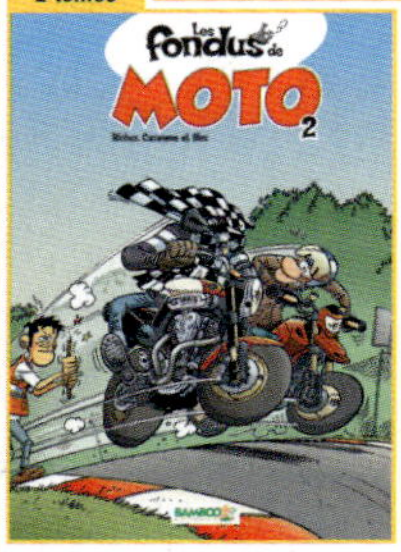

Les Fondus de moto
Scénario : Richez & Cazenove
Dessins : Bloz

1 tome

Les Fondus du jeu
Scénario : Richez & Cazenove
Dessins : Larbier

1 tome

Les Citadines
Scénario : Blondieau
Dessins : Rollin

7 tomes

Les Damnés de la route
Scénario : Lapuss'
Dessins : Achdé & Rodrigue

2 tomes

Les Dézingueurs
Scénario : Richez
Dessins : Barbaud